FRANZ
SCHUBERT

SONGS

with

PIANO
ACCOMPANIMENT

HIGH VOICE

VOLUME 1

Speed • Pitch • Balance • Loop

To access audio visit:
www.halleonard.com/mylibrary

Enter Code
5070-5766-1971-0831

ISBN 978-1-59615-491-9

EXCLUSIVELY DISTRIBUTED BY

Visit Hal Leonard Online at
www.halleonard.com

Contact Us:
Hal Leonard
7777 West Bluemound Road
Milwaukee, WI 53213
Email: info@halleonard.com

In Europe contact:
Hal Leonard Europe Limited
Distribution Centre, Newmarket Road
Bury St Edmunds, Suffolk, IP33 3YB
Email: info@halleonardeurope.com

In Australia contact:
Hal Leonard Australia Pty. Ltd.
4 Lentara Court
Cheltenham, Victoria, 3192 Australia
Email: info@halleonard.com.au

MMO is proud to present this first volume of Schubert's greatest lieder for high voice. These pieces have been the summit of repertoire for voice and piano since they were composed and have never failed to enchant singers and audiences alike.

Franz Peter Schubert was born on 31 January 1797 in Vienna, Austria. His musical ascendency was quick and steady, and it was at age 17, in 1814-1815, he composed "Gretchen am Spinnrade" and several other songs based on texts by the great poet Goethe, including the lovely "Heidenröslein." His lieder compositions, as well as his symphonies, piano sonatas and many other genres continued briskly. In 1817 he wrote the beautiful song "Die Forelle" (the trout), which would later become the basis of his famous quintet bearing the same name, as well as the magnificent "Der Tod und Das Mädchen." "Nacht und Träume," "Der Musensohn," and "Lachen und Weinen" all appeared about 1822.

Bouts of illness became evident in early 1823, but it was nevertheless a productive time for the still-young Schubert, and he completed such great works as *Die Schöne Müllerin* and *Rosamunde* in that year. He pressed on with his work despite periods of depression and declining physical health, and the mid-to-late 1820s yielded many of his greatest works. In 1826 came two beautiful works represented in this volume, both based on Shakespeare's texts: "An Sylvia" and "Ständchen" (the latter from 'Hark, hark, the lark'). His mortality became evident in the late 1820s and though he composed continuously, he finally succumbed to what is now thought to have been syphilis on 19 November 1828. He left behind an oeuvre of works with which few could ever hope to compare.

With this MMO edition, you take center stage and join acclaimed accompanist John Wustman in these this group of 15 marvelous songs. Enjoy this first volume and then move on to volume 2 (available as HL00400542) for more of Schubert's magnificent compositions minus you, the soloist!

4001

CONTENTS

An die Musik

Schober

Op. 88, No. 4
D547

-rückt!   Oft hat ein Seuf - zer,

dei - ner Harf ent - flos - sen,   ein sü - ßer, hei - li - ger Ak - kord von dir

den Him - mel beß - rer Zei - ten mir er - schlos - sen,   du

hol - de Kunst, ich dan - ke dir da - für,   du hol-de Kunst, ich dan - ke dir!

Die Forelle

Schubart

Op. 32
D550

Etwas lebhaft.

In ei - nem Bäch-lein hel - le, da schoß in fro-her Eil die

lau - ni - sche Fo - rel - le vor - ü - ber wie ein Pfeil. Ich stand an dem Ge -

-sta - de und sah in sü - ßer Ruh des mun-tern Fisch-leins Ba - de im

kla - ren Bäch-lein zu, des mun-tern Fisch leins Ba - de im kla - ren Bäch-lein

zu. Ein Fi-scher mit der

Ru - te wohl an dem U - fer stand, und sah's mit kal-tem Blu - te, wie

sich das Fisch-lein wand. So lang' dem Was-ser Hel - le, so

8

dacht ich, nicht ge - bricht,   so fängt er die Fo - rel - le mit sei - ner An-gel

nicht,   so fängt er die Fo - rel - le mit sei - ner An-gel nicht.

Doch end - lich ward dem

Die - be   die Zeit zu lang.   Er macht das Bäch-lein tük-kisch

trü - be, und eh_____ ich es ge - dacht, so zuck - te sei - ne

Ru - te, das Fisch - lein, das Fisch-lein zap - pelt dran, und

ich mit re - gem Blu - te sah die Be - trog - ne an, und

ich_ mit re - gem Blu - te sah die Be - trog - ne an.

Auf dem Wasser zu singen

Leopold Graf von Stollberg

Op. 72
D196

- schim-mern-den Wel - len glei - tet die See - le da - hin wie der Kahn;

denn von dem Him-mel her - ab auf die Wel-len tan-zet das A - bend-rot

rund um den Kahn, tan - - - - - - zet das A - bend-rot rund um den

Kahn.

Ü - ber den Wip - feln des west - li - chen Hai - nes

win - ket uns freund-lich der röt - li - che Schein; un - ter den Zwei - gen des

öst - li - chen Hai - nes säu - selt der Kal - mus im röt - li - chen Schein,

un - ter den Zwei - gen des öst - li - chen Hai - nes säu - selt der Kal - mus im

Ach, es ent-schwin-det mit tau-i-gem Flü-gel mir auf den wie-gen-den

Wel-len die Zeit. Mor-gen ent-schwin-de mit schim-mern-dem Flü-gel

wie-der wie ge-stern und heu-te die Zeit, mor-gen ent-schwin-de mit

schim-mern-dem Flü-gel wie-der wie ge-stern und heu-te die Zeit,

15

bis ich auf hö - he-rem strah - len-den Flü - gel

sel - ber ent-schwin - de der wech - seln-den Zeit, sel - - - -

- - - ber ent - schwin-de der wech-seln-den Zeit.

MMO 4001

Du bist die Ruh

Rückert

Op. 59, No. 3
D776

Langsam.

Du bist die Ruh, der Frie - de mild, die Sehn - sucht du, und was sie

stillt. Ich wei - he dir___ voll Lust und Schmerz zur Woh - nung hier___

mein Aug und Herz,___ mein Aug und Herz.

Kehr ein bei mir, und schlie - ße du

still hin - ter dir die Pfor - ten zu. Treib an - dern Schmerz

aus die - ser Brust! voll sei dies Herz von dei - ner Lust,

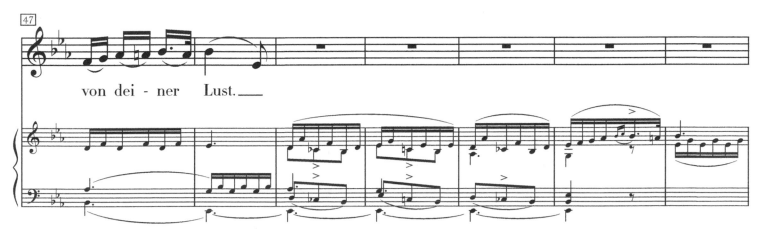

von dei - ner Lust.

Dies Au - gen - zelt, von dei - nem Glanz al - lein er - hellt, ___

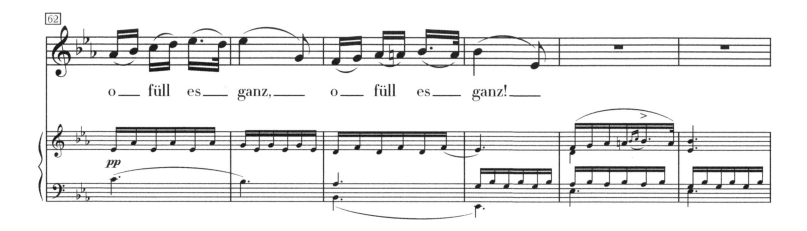

o ___ füll es ___ ganz, ___ o ___ füll es ___ ganz! ___

Dies Au - gen - zelt, von dei - nem Glanz al - lein er - hellt, ___

o ___ füll es ___ ganz, _____ o ___ füll es ___ ganz!

Wohin?
from *Die schöne Müllerin*

op. 25, no. 2
D795, no. 2

Wilhelm Müller

Ich hört' ein Bäch-lein rau - schen wohl aus dem Fel-sen-quell, hin - ab zum Ta - le rau - schen so frisch und wun-der-hell. Ich weiß nicht, wie mir wur - de, nicht, wer den Rat mir gab, ich muß-te auch hin - un - ter mit mei-nem Wan-der-

MMO 4001

20

-stab,   ich   muß - te   auch   hin - un - ter   mit   mei - nem   Wan - der -

-stab.   Hin - un - ter und im - mer   wei - ter,   und   im - mer dem Ba - che

nach,   und   im - mer   fri - scher rausch - te   und   im - mer hel - ler der

Bach,   und   im - mer   fri - scher rausch - te   und   im - mer   hel - ler der

Bach. Ist das denn mei - ne Stra - ße? O

Bäch-lein, sprich, wo-hin? wo-hin?— sprich, wo-hin?— du

hast mit dei-nem Rau - schen mir ganz be-rauscht den Sinn, du

hast mit dei-nem Rau - schen mir ganz be-rauscht den— Sinn. Was

sag ich denn vom Rau-schen? das kann kein Rau-schen sein: Es

sin - gen wohl die Ni - xen tief un - ten ih - ren Reihn, es

sin - gen wohl die Ni - xen tief un - ten ih - ren Reihn. Laß

sin - gen, Ge-sell, laß rau - schen, und wan-dre fröh-lich nach! Es

gehn ja Müh-len-rä - der in je - dem kla-ren Bach, __ es

gehn ja Müh-len-rä - der __ in __ je - dem kla-ren Bach. Laß

sin - gen, Ge-sell, laß rau - schen, und wan-dre fröh - lich

nach, fröh-lich nach, fröh-lich nach! __

Nacht und Träume

Matthäus von Collin

Op. 43, No. 2
D827

Heil - - - ge Nacht,_____ du sin-kest nie - der; nie - der wal-len auch die

Träu - me, wie dein Mond-licht durch die Räu - me,

durch der Men - schen stil - le, stil - le Brust. Die be

Ständchen
from *Schwanengesang*

Ludwig Rellstab

D957, no. 4

in des Mon - des Licht;　des Ver-rä - ters feind-lich Lau - schen

fürch-te, Hol - de, nicht,　fürch-te, Hol - de, nicht.

Hörst die Nach - ti - gal-len schla-gen?　ach! sie fle - hen dich,

28

mit der Tö - ne sü - ßen Kla - gen fle - hen sie für mich.

Sie ver - stehn des Bu - sens Seh - nen, ken - nen Lie - bes

-schmerz, ken - nen Lie - bes - schmerz, rüh - ren mit den Sil - ber - tö - nen

je - des wei - che Herz, je - des wei - che Herz.

MMO 4001

Laß auch dir die Brust be - we - gen, Lieb - chen, hö - re mich!

be - bend harr ich dir ent - ge - gen!

komm, be-glük - ke mich! komm, be-glük - ke mich, be -

-glük - ke mich!

Heidenröslein

Goethe

Op. 3, No. 3
D 257

Kna - be sprach: ich bre - che dich, Rös - lein auf der Hei - den!

Rös - lein sprach: ich ste - che dich, daß du e - wig denkst an mich,

cresc.

nachgebend

und ich will's nicht lei - den. Rös - lein, Rös - lein, Rös - lein rot,

nachgebend

pp

wie oben

Rös - lein auf der Hei - den.

wie oben

Gretchen am Spinnrade

from Goethe's *Faust*

Op. 2
D118

mir_____ ver-gällt. Mein ar - - - mer Kopf_____ ist mir_____ ver

-rückt,_____ mein ar - - - mer Sinn_____ ist mir_____ zer-stückt.

Mei-ne Ruh_____ ist hin,_____ mein Herz_____ ist

schwer; ich fin - de, ich fin - - - de sie nim - mer und

- walt,   und sei - - - ner Re - de   Zau - ber-fluß,

sein   Hän - de-druck,   und   ach,   sein   Kuß!

Mei-ne Ruh_____ ist

hin,   mein Herz_____ ist schwer;___ ich fin - de, ich fin - de sie

nim - mer und nim - - - mer-mehr. Mein

Bu - - sen drängt sich nach_____ ihm hin. Ach, dürft_____ich

fas - sen und hal - - ten ihn! und küs - - sen ihn,_____ so

wie_____ ich wollt, an sei - - - nen Küs - sen ver - ge - - - hen

38

sollt, o könnt____ ich ihn küs - sen, so wie____ ich wollt, an

sei - - - nen Küs - sen ver-ge - - - hen sollt, an sei - - - nen

Küs - sen ver-ge - - - hen sollt! Mei-ne

Ruh____ ist hin, mein Herz____ ist schwer!

Der Musensohn

Goethe

Op. 92, No. 1
D764

Ziemlich lebhaft.

Durch Feld und Wald zu schwei - fen, mein Lied-chen weg zu pfei - fen, so

geht's von Ort zu Ort, so geht,s von Ort zu Ort! Und nach dem Tak - te

re - get und nach dem Maß be - we - get sich al - les an mir fort,_____ und

nach dem Maß be - we - get sich al - les an mir fort.

Ich kann sie kaum er - war - ten, die er - ste Blum im

Gar - ten, die er - ste Blüt am Baum. Sie grü - ßen mei - ne

Lie - der, und kommt der Win - ter wie - der, sing ich noch je - nen___

Traum, sing ich noch je - nen, je - nen Traum. Ich

sing ihn in der Wei - te, auf Ei - ses Läng und Brei - te, da blüht der Win - ter

schön, da blüht der Win - ter schön! Auch die - se Blü - te schwin - det, und

neu - e Freu - de fin - det sich auf be - bau - ten Höhn, und neu - e Freu - de

fin - det sich auf be-bau - ten Höhn.

Denn wie ich bei der Lin - de das jun - ge Völk-chen fin - de, so-

-gleich er - reg ich __ sie. Der stum-pfe Bur-sche bläht sich, das

stei-fe Mäd-chen dreht sich nach mei - ner Me - lo - die, nach mei - ner,

meiner Melodie. Ihr gebt den Sohlen Flügel und

treibt durch Tal und Hügel den Liebling weit von Haus, den Liebling weit von

Haus. Ihr lieben, holden Musen, wann ruh ich ihr am Busen auch

endlich wieder aus,__ wann ruh ich ihr am Busen auch endlich wieder aus?

Romanze aus *Rosamunde*

Helmina von Chezy

Op. 26

Andante con moto.

Der Voll - mond strahlt auf Ber - ges-höhn wie hab ich dich ver-

-mißt!___ Du sü - ßes Herz! es ist so schön, wenn treu_ die Treu - e_

küßt, du sü - ßes Herz! es ist so_ schön, wenn treu_____ die Treu - e_ küßt!

Sie trat hin - ein beim Voll-mond-schein, sie blick-te him-mel-

-wärts:____ Im Le - ben fern, im To - de dein! und sanft brach Herz an____

Herz, im Le-ben fern, im To-de__ dein! und sanft__ brach Herz an__ Herz.

Lachen und Weinen

Rückert

Op. 59, No. 4
D 777

Etwas geschwind.

La - chen und Wei - nen zu jeg - li-cher Stun - de ruht bei der Lieb auf so

man - cher-lei Grun - de. Mor - gens lacht' ich vor Lust,_____

und wa - rum ich nun wei - ne bei des A - ben-des Schei - ne,

48

ist mir selb' nicht be - wußt, ist mir selb' nicht be - wußt.

Wei - nen und La - chen zu jeg - li-cher Stun - de ruht bei der

Lieb auf so man - cher-lei Grun - de. A - bends weint' ich vor

Schmerz;_____ und wa - rum du er - wa - chen kannst am Mor - gen mit

La - chen, muß ich dich fra - gen, o Herz, muß ich dich

fra - gen, o Herz.

Der Tod und das Mädchen

Claudius

Op. 7, No.3
D531

Gesang (An Silvia)

from Shakespeare's *Die beiden Edelleute von Verona (Two Gentleman of Verona)*
Translated by Eduard von Bauernfeld

Op. 106, No.4
D891

Spur_____weist,   daß   ihr__ al - les
Blind - heit,   und   ver - weilt__   in
- wäh - ren: Krän - - - ze__ ihr__   und

un - - - ter - tan,___   daß ihr al - les
sü - - - ßer_____ Ruh,___   und ver - weilt in
Sai - - - ten - klang,___   Krän - ze   ihr und

1, 2.

un - - - ter - tan.
sü - - - ßer__ Ruh.
Sai - - - ten -

1, 2.

3.

3. klang!

3.

Seligkeit (Minnelied)

Hölty

D433

Lustig (scherzando).

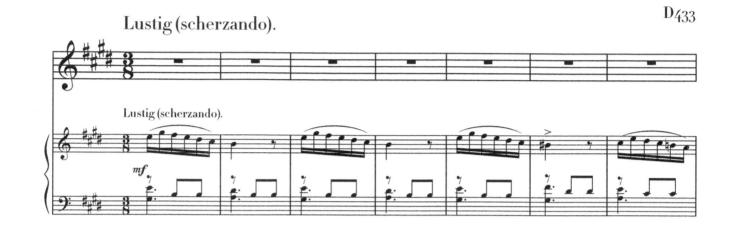

1. Freu - den son - der
2. Je - dem lä - chelt
3. Lie - ber bleib ich

Zahl! blühn im Him - mels - saal
traut ei - ne Him - mels - braut;
hier, lä - chelt Lau - ra mir

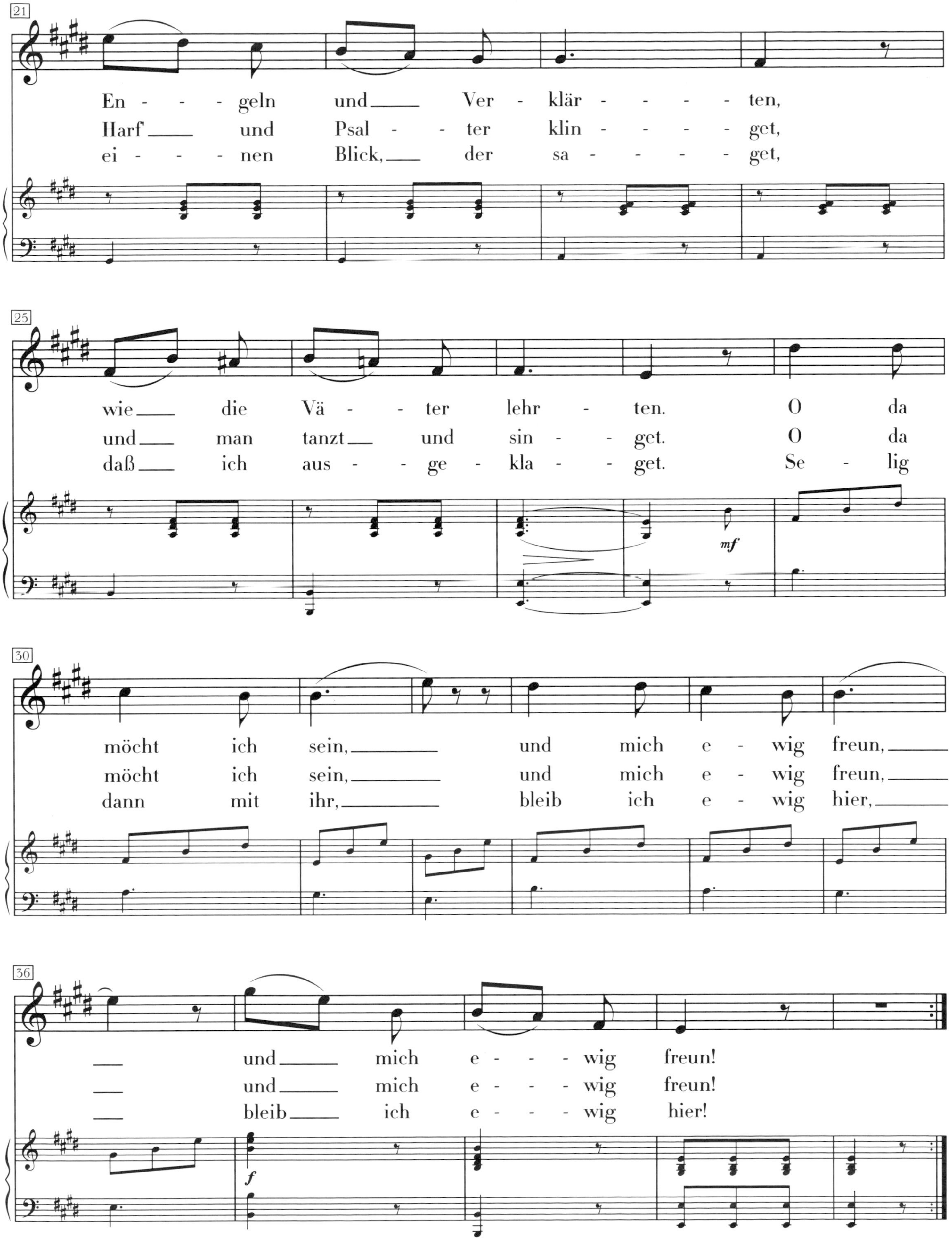
21
En - - - geln und Ver - klär - - - - - ten,
Harf' und Psal - - ter klin - - - - get,
ei - - - nen Blick, der sa - - - - - get,
25
wie die Vä - - ter lehr - ten. O da
und man tanzt und sin - get. O da
daß ich aus - - ge - kla - - get. Se - lig
mf
30
möcht ich sein, und mich e - wig freun,
möcht ich sein, und mich e - wig freun,
dann mit ihr, bleib ich e - wig hier,
36
und mich e - - wig freun!
und mich e - - wig freun!
bleib ich e - - wig hier!
f